LOUIS JOURDAN

LES PRIÈRES
DE
LUDOVIC

PARIS
LIBRAIRIE NOUVELLE
BOULEVARD DES ITALIENS, 15, EN FACE DE LA MAISON DORÉE

1854

LES PRIÈRES

DE LUDOVIC

L'auteur et les éditeurs se réservent le droit de traduction
et de reproduction à l'étranger.

PARIS. — IMP. SIMON RAÇON ET COMP., RUE D'ERFURTH, 1.

LOUIS JOURDAN

LES PRIÈRES

DE LUDOVIC

PARIS

LIBRAIRIE NOUVELLE

BOULEVARD DES ITALIENS, 15, EN FACE DE LA MAISON DORÉE

1854

Lorsque ces Prières ont paru dans la *Revue de Paris* du 1ᵉʳ janvier 1854, il m'en a été demandé, de divers côtés, un assez grand nombre d'exemplaires. Un premier tirage a eu lieu, dans le format de la *Revue*; il est épuisé. Quel que soit mon respect pour la mémoire de Ludovic, des raisons particulières m'auraient empêché de faire une nouvelle édition de ce recueil microscopique, et j'aurais tout simplement renvoyé les curieux à la livraison de la *Revue* du 1ᵉʳ janvier, si une personne, que je n'ai pas l'autorisation de nommer ici, ne m'eût envoyé la somme nécessaire à cette réimpression, en me priant de la faire vendre au profit de certaines infortunes.

Cet article, dont le succès me réjouit d'autant plus qu'il revient tout entier à l'auteur des Prières, va donc être élevé à la dignité de petit volume. L'ombre de Ludovic en sera fière! Le lecteur me saura peut-être gré d'ajouter à cet article, tel qu'il a été publié par la *Revue de Paris*, quelques pages inédites, empruntées à la volumineuse collection que j'ai en mon pouvoir.

Et maintenant je voudrais dire quelques mots de l'attrait que semblent avoir eu ces invocations pour des femmes et des hommes placés dans des situations, appartenant à des religions très-diverses.

L'auteur de ces Prières était né dans la foi catholique; il avait été élevé par une mère pieuse et pleine de tendresse. Malgré la douce influence de cette mère, qu'il n'a pas cessé d'aimer et de vénérer, Ludovic, comme la plupart des jeunes gens, s'affranchit, dès qu'il le put, des pratiques de piété auxquelles son enfance avait été soumise. Plus de confession! plus de messes! plus de communion! En revanche, il lut immensément, il voulut connaître toutes les doctrines, tous les systèmes philosophiques, religieux, sociaux. Trouva-t-il, dans cette ardente recherche, ce qui convenait à son cœur et à son esprit? Il y trouva du moins quelque chose, puisqu'il a exprimé sa foi et ses espérances dans ces feuilles, dont une très-faible partie est livrée aujourd'hui au public.

Quel que soit le sentiment religieux dont l'âme de Ludovic s'est imprégnée, quelle que soit l'origine de ce sentiment, je dois croire qu'il n'est antipathique à aucune des religions existantes, puisque des catholiques, des protestants, des israélites fort distingués, et même un musulman, m'ont assuré avoir trouvé un grand charme à cette lecture. Rien ne les obligeait à me faire ce compliment, qui passait par-dessus ma tête; s'ils ont fait un mensonge, que cette édition leur soit légère !

Quoi qu'il en advienne, je ne puis m'empêcher de voir là un symptôme assez significatif. Il y a quelques années à peine, une publication du genre de celle-ci eût été infailliblement considérée comme une puérilité par les uns, comme une impiété par les autres. Aujourd'hui il se forme évidemment un sentiment religieux qui n'a pas encore, qui n'aura pas de longtemps sa formule officielle, mais un sentiment plein de mansuétude, de tolérance, embrassant les divers dogmes sous l'influence desquels l'humanité a grandi. Des natures, que l'inflexibilité de ces dogmes avait repoussées et rejetées dans le scepticisme, peuvent se réveiller sous la mystérieuse effluve de ce sentiment, et semblent vouloir se réconcilier avec la foi. Les *Prières de Ludovic* aideront peut-être ce mouvement, dont il est impossible de prévoir la portée.

Cela me remet en mémoire le mot profond d'un prêtre, qui essayait un jour de convertir mon pauvre Ludovic : « Mon enfant, lui dit-il, vous ne croyez ni au paradis ni à l'enfer ; vous avez tort ! Mais vous croyez en Dieu ; allez et convertissez autour de vous ! »

L. J.

Paris, 26 janvier 1854.

LES PRIÈRES

DE LUDOVIC

A MONSIEUR LE DIRECTEUR DE LA REVUE DE PARIS

Mon cher ami,

Ceci n'est point un article amusant, c'est presque une nécrologie, et cependant il me semble et j'espère que les lecteurs de la *Revue*, les femmes surtout, liront avec intérêt, peut-être avec plaisir, ces pages empreintes d'une foi profonde, d'un sentiment religieux dont l'expression est toujours douce et bienveillante.

Vous avez lu peut-être, il y a quelque temps, dans les colonnes de tous les journaux quotidiens, un fait-Paris conçu en ces termes :

« Un jeune littérateur qui s'était fait remarquer dans les luttes du journalisme par un talent plein d'originalité et de verve, M. Ludovic N., vient de mourir dans la plus profonde misère, au moment où il mettait la dernière main à un ouvrage philosophique très-important. »

Cette nouvelle, indifférente pour le plus grand nombre des lecteurs, me causa une douleur bien vive. J'avais beaucoup connu et aimé Ludovic, noble cœur, caractère original et indépendant. Je l'avais perdu de vue au milieu du tumulte causé en France par la Révolution de 1848. Il pressentait, dès cette époque, de cruelles déceptions.

Il y avait alors deux industries en pleine prospérité : la fabrication des habits, des coiffures, des boutons, des baudriers et autres ustensiles propres à la mise en état des gardes nationales, puis la fabrication des journaux. On éditait des journaux à tous les coins de rue. Quelques amis m'offrirent la rédaction en chef d'un grand carré de papier, m'affirmant que j'allais sauver la patrie en mettant ma plume au service des bons principes. Je consentis à sauver la patrie ; toutefois ma paresse s'effraya de la lourde tâche que je venais d'accepter, et je courus bien vite chez Ludovic pour le prier de m'y aider.

Je le vois encore : il était dans sa mansarde de la rue Navarin, pâle, l'œil en feu, entouré de ses vieux livres qu'il aimait tant, assis devant une table chargée de manuscrits. Je formulai ma proposition ; il refusa.

— Non ! me dit-il d'une voix affectueuse et douce, non, je ne veux plus rentrer dans ces luttes affreuses du journalisme quotidien où j'ai dépensé en gros sous, jour par jour, et sans que personne m'en ait tenu compte, tout l'or de mon intelligence et de mon cœur. J'ai là, ajouta-t-il en frappant son front, un livre que je veux écrire. Je vais partir; j'irai en province rejoindre ma mère, ma bonne mère que j'aime de toutes les forces de mon cœur !

Quelques larmes brillèrent à ses yeux ; je m'efforçai de le dissuader.

— Quel est ce livre que tu veux faire ? lui dis-je.

— Tu le sais presque, répondit-il, c'est celui auquel je rêvais déjà lorsque j'écrivais chez toi, sur des feuilles volantes jetées au vent, ces prières où je chantais mes espérances et ma foi.

Sa résolution était bien arrêtée ; j'embrassai Ludovic, qui partit en effet peu de temps après pour aller rejoindre sa mère. Nous échangeâmes quelques lettres, puis il cessa de me répondre. Un de nos amis communs me dit qu'il était parti pour aller visiter l'Allemagne, afin d'y compléter des études sur les différents dogmes. J'ai appris la mort prématurée de cet ami de ma jeunesse par les journaux.

Je pris des informations, je courus d'un bout de Paris à l'autre, je finis par découvrir la demeure qu'avait habitée Ludovic ; il y était mort en effet dans la plus profonde misère ; il avait laissé, pour tout héritage, quelques manuscrits qu'on avait expédiés à sa pauvre mère désolée.

Je revins tristement chez moi, songeant à cette existence sitôt brisée, feuilletant dans ma mémoire tous les souvenirs des jours passés dans l'intimité de ce frère de mon cœur. Je me rappelai alors la dernière conversation que j'avais eue avec Ludovic, ces prières dont il m'avait parlé comme du premier jet de son œuvre, et qu'il avait en effet écrites sur ma table, tout en causant, pendant les longues soirées de l'hiver de 1846.

J'ai mis à sac mes cartons, mes papiers, et, à ma grande joie, j'ai fini par découvrir ces feuilles volantes que Ludovic avait crues perdues.

Je vais transcrire quelques-unes de ces pages. Ce sont des prières, de douces et ferventes prières, où je retrouve toute la tendresse, tout le cœur de mon pauvre ami.

Des prières, direz-vous, des prières dans une Revue, et dans un temps où l'on ne s'occupe guère que de la question d'Orient considérée dans ses rapports avec la hausse et la baisse, et où d'ailleurs l'on prie médiocrement ! Écoutez, mon cher ami : Ludovic est mort, je puis donc dire ici tout le bien que je pense de lui, les vivants ne s'en fâcheront pas. J'ai relu attentivement ces aspirations ardentes, ces vœux, ces soupirs, ces élans d'une âme aimante et rêveuse, ferme et passionnée. J'ai été touché profondément du sentiment religieux auquel Ludovic obéissait, sentiment qui procède de toutes les croyances que l'humanité a traversées dans ses longues évolutions. Il y a là, indépendamment de l'attrait qui peut s'attacher à la forme et au fond de ces improvisations, un sujet d'étude fort intéressant ; vous en jugerez d'ailleurs. Ludovic était-il catholique, luthérien, calviniste, presbytérien, israélite, musulman, païen ? je l'ignore ; mais ce que je sais bien, c'est qu'il croyait, et je n'ai jamais connu de cœur plus fervent que le sien. Il avait en Dieu une confiance absolue, et il le comprenait sous une double face, paternelle et maternelle à la fois. Il disait que Dieu était à la fois Père et Mère, et, quand il abordait ce point, il ne tarissait pas.

Je pourrais, tant la mémoire des jours passés près de lui m'est restée fidèle, je pourrais écrire l'histoire de chacune de ces pages, retrouver les impressions, les tristesses, les joies, les douleurs sous l'influence desquelles il laissa échapper, comme un flot limpide, ces chants intimes. J'aime mieux laisser au lecteur le soin de les deviner. Je me bornerai seulement aux explications indispensables.

Ainsi, par exemple, il aimait, — comme il savait aimer, — une jeune femme, mère de beaux enfants. Un jour, en me parlant, avec sa réserve habituelle, de cette affection qui tenait dans sa vie une si large place, il écrivit au courant de sa plume ; puis il me tendit le chiffon de papier : « Tiens ! me dit-il, je voudrais que chaque jour elle s'habituât à dire une prière dans le genre de celle-ci. » Et je lus :

POUR SES ENFANTS

« O mon Dieu ! ô puissance éternelle et infinie en qui tout être vit et se meut ! ô Père adoré ! ô Mère tendre et bonne ! veillez sur les enfants, germes précieux des moissons futures ! Protégez-les ! Éloignez d'eux les maladies et les funestes influences qui engendrent les maladies de l'âme !

« Je vous prie plus particulièrement de veiller sur ceux que j'ai portés dans mes flancs ! Au nom de mon ardent amour, préservez de tout mal ces fraîches fleurs de ma vie !

« O mes chers petits anges ! aimez Dieu dans tout ce qui vous entoure !

« Doux fruits de ma tendresse, que nul ver malfaisant n'altère votre pureté !

« Ruisseaux limpides, que rien ne trouble votre cours !

« Rejetons charmants, croissez en grâce, en force, en beauté, en sagesse, et prêtez-moi votre ombrage !

« Gais oiseaux du ciel, murmurez longtemps à mon oreille vos joyeuses chansons !

« Fleurs gracieuses, épanouissez-vous sous le souffle maternel !

« Parfums suaves, embaumez ma vie de vos senteurs printanières !

« Robes d'innocence, que rien ne souille votre blancheur !

« Doux rayons de l'éternel amour, brillez sans cesse des célestes clartés !

« Enfants bien-aimés, chers trésors de mon cœur, priez pour tous ceux qui souffrent et qui aiment.

« Mon Dieu ! mon Père ! veillez sur eux. »

Quelques jours après, je me souviens

qu'il tira de sa poche un petit livre de piété très-répandu et qui a pour titre : *Dieu est l'amour le plus pur*. Sa mère, qu'il adorait, lui avait demandé ce livre, et, avant de l'envoyer, il écrivit sur les pages blanches de l'en-tête quelques lignes que je le priai de transcrire à mon intention et que je retrouve dans le même dossier :

« Il est vrai, mon Dieu, que vous êtes l'amour le plus pur, et c'est au nom de cet amour que je vous implore.

« Que les rayons de votre grâce divine éclairent mon âme ; qu'ils l'enthousiasment pour tout ce qui est bon et beau ; qu'ils me dirigent, comme un céleste phare, vers le but éternel que vous avez assigné à vos enfants !

« Remplissez ma vie, soutenez-moi, inspirez-moi vos saintes résolutions !

« Vous, ô mon tendre Père ! ô mon souverain maître ! vous qui êtes le pur amour, faites-moi la grâce de vivre et de mourir en aimant de toutes les forces de mon cœur. »

Dans une des pages du livre il avait intercalé une sorte d'hymne à la Vierge, en tête duquel se trouvait cette annotation touchante :

« Ma bonne mère, vous m'avez quelquefois reproché d'être un impie parce que je ne vais pas à la messe; voici cependant une prière que votre mécréant de fils vient d'écrire à votre intention :

« Vierge sainte ! emblème de pureté et de grâce, belle et chaste souveraine de mon âme ! Vous par qui la femme s'est élevée aux célestes splendeurs ! Vous qui avez inspiré et qui inspirerez de plus en plus aux hommes le respect et l'amour du sexe dont vous êtes la lumière et la gloire ! Vierge adorée, beauté divine et rayonnante, éternelle adoration des mondes, répandez parmi nous les flots de votre grâce ! Chassez loin de nous les fléaux de la guerre et des maladies ! Écrasez du pied, comme vous avez écrasé la tête du serpent, toutes nos mauvaises passions, toutes nos haines brutales !

« Bénissez le monde de votre divin sourire !

« Faites fleurir dans tous les cœurs l'amour, cette immortelle fleur des célestes jardins !

« Éclairez-nous ! sauvez-nous ! pardonnez-nous ! »

Un de nos amis, qui venait de lire cette sorte de prière à la Vierge, plaisanta beaucoup Ludovic sur ce qu'il appelait son mysticisme, et ajouta en riant : « Tu devrais maintenant faire un acte de foi, un acte d'espérance et un acte de charité, sans oublier les litanies, et nous aurions ainsi tout ton catéchisme. »

Ludovic avait la repartie assez vive et spirituelle ; il se railla lui-même de très-bonne grâce ; puis, poussé au pied du mur, et sommé en quelque sorte de confesser ce qu'il croyait, il écrivit, sous forme d'acte de foi, cette déclaration plus ou moins orthodoxe. Je suis simple narrateur et non pas juge :

« Je crois en vous, ô mon Dieu ! de toutes les forces de mon âme ! Je crois que vous êtes la Beauté idéale, la Bonté souveraine, l'Intelligence infinie !

« Je crois que votre souffle anime tout ce qui respire ; que les mondes dont le firmament est semé et que les êtres innombrables qui habitent chacun de ces mondes, que tout enfin se meut et vit en vous !

« Je crois que nous vivons de votre éternelle vie et que nous marchons vers vous, même à travers nos faiblesses et nos fautes !

« Je crois que la mort est votre messagère de résurrection et de paix !

« Je crois à votre justice suprême ! Je crois que toutes les femmes et tous les hommes sont également vos enfants et que vous les aimez d'un égal amour, qu'ils soient les aînés ou les cadets de la famille humaine !

« Je crois que votre bonté seule est infinie et que vous n'avez point de châtiments éternels pour des fautes éphémères !

« Je crois que les chants de joie de l'humanité, et non ses cris de souffrance, réjouissent seuls votre cœur maternel !

« Les combats de la vie sont rudes ! Assistez, ô mon Père ! ô ma Mère divine ! assistez ceux qui luttent ! secourez ceux qui faiblissent ! pardonnez à ceux et à celles qui succombent ! »

Sur la même feuille, et écrite sous la même inspiration, se trouve, avec le titre : ESPÉRANCE ! l'invocation suivante :

« J'espère en vous, ô Père ! ô Mère éternellement jeune et féconde ! En vous est ma force, en vous est mon courage ! Vous êtes le phare des nuits ténébreuses, vous êtes l'étoile qui brille au milieu des tempêtes, vous êtes la brise bienfaisante qui conduit au port !

« J'espère en des jours meilleurs ! Le mal n'est pas une puissance ; vous seul, ô mon Dieu ! êtes puissant. Le mal n'est pas éternel ; l'éternité n'appartient qu'à vous, ô mon divin Père !

« Nos misères, nos faiblesses, auront un terme ; votre lumière pénétrera de plus en plus parmi nous, elle éclairera tous les replis de nos cœurs ! Votre immense amour inspirera aux hommes des sentiments plus fraternels, des résolutions meilleures, de jour en jour nos ténèbres s'effaceront; l'amour sauvera le monde!

« Votre règne sera un jour d'ici, ô mon Père! Tout corps et toute âme auront leur pain quotidien. Votre volonté sera faite sur toute terre!

« C'est mon espérance, réalisez-la, ô mon Dieu!

« C'est mon vœu, exaucez-le, ô mon Père! vous, le soutien des forts, l'espoir des faibles, l'amant radieux des âmes blessées, l'éternelle aspiration des grands cœurs! »

C'était ainsi que s'épanchait ce fleuve de tendresse. J'ai déjà dit combien Ludovic aimait sa mère; il avait été élevé par elle avec cette complaisance, cette sollicitude caressante qui font dire des meilleures mères qu'elles gâtent leurs enfants. Ludovic était en effet un enfant gâté, c'est-à-dire un enfant rêveur, peu disciplinable, amoureux des grands spectacles de la nature, jaloux de sa liberté; mais quelle âme que la sienne! Il avait perdu, bien jeune encore, son père, dont il aimait à évoquer le souvenir.

« Tu n'as jamais rien écrit sur ton père! lui dis-je un jour. — Tu te trompes, » répondit-il. Et le lendemain il m'apporta cette page empreinte d'une mélancolie profonde :

A MON PÈRE

« Vous m'avez fait, ô mon Dieu ! une enfance heureuse et souriante; de douces et tendres affections veillaient sur mon berceau. J'entrai dans la vie heureux et confiant. Tout à coup j'appris que j'étais orphelin, et je vis passer, et je suivis le cercueil de mon père que vous veniez d'appeler à une vie nouvelle et à des devoirs nouveaux.

« Jusque-là, j'avais bégayé votre nom presque machinalement, ô mon Dieu ! mais, quand je vis autour de moi le sombre désespoir de ma mère et de tous mes parents, quand éclatèrent les longs sanglots, une lueur, pâle et vague encore, éclaira mon intelligence, pénétra dans mon cœur, et, pour la première fois, j'essayai de me rendre compte de ce qu'étaient votre bonté et votre colère, vos châtiments et vos récompenses.

« Votre colère! Pouvez-vous avoir des colères, vous qui êtes la bonté suprême et le calme éternel? Non! ce que nous appelons votre colère et vos châtiments n'est pas autre chose que le développement désordonné de notre vie ; c'est l'effort violent et brutal de nos imperfections, qui se dégagent de leurs langes pour tendre vers vous, ô perfection infinie! ce sont les moyens mystérieux, inexpliqués, dont vous vous servez pour nous élever vers vous, pour laver nos souillures et guérir nos faiblesses!

« Ce fut ainsi, ô mon père regretté! que

le premier grand malheur qui frappa mon enfance, que ta mort, me fit naître à un sentiment plus vrai, à une intelligence plus nette de ma propre vie et de la vie de tous, qui est la vie de Dieu.

« Mais en vain de longues années ont passé sur ma tête depuis ce sombre jour, depuis cette séparation douloureuse, rien n'a pu affaiblir en moi ton souvenir et ton image.

« Tronc robuste, dont le vaste ombrage abrita mes premiers ans, je vois encore la séve animer tes verts rameaux !

« Fleuve hardi, qui me berças dans ton onde vivifiante, je n'ai point oublié la tumultueuse harmonie de tes flots !..

« Mont sublime, dont le front fut si souvent battu par la tempête, j'admire encore tes flancs nerveux et ta puissante structure !

« Cœur simple et droit, je n'ai pas oublié tes leçons !

« Esprit inquiet, intelligence avide, j'assiste encore à tes combats et à tes doutes!

« Pauvre poëte ignoré, je répète encore tes chansons!

« Infatigable ouvrier, je vois ton front ruisselant sous l'effort d'un rude labeur!

« Ami dévoué, j'ai recueilli les larmes de tous ceux qui t'ont aimé et regretté!

« Amant plein de tendresse, la femme de ton amour, la compagne de ta vie, ma mère t'aimera et te bénira jusqu'à sa dernière heure!

« Bon père! je n'ai pas cessé de t'invoquer, de te sentir, de te chercher en moi et autour de moi; j'ai tâché d'améliorer ta vie en améliorant, en moralisant la mienne; j'ai rougi pour toi de mes fautes, j'ai été heureux pour toi de mes bonnes actions!

« Je ne sais sous quelle forme, ô mon Dieu! vous avez donné à mon père une vie nouvelle; mais il est en vous, comme je suis en vous, comme tout être et toute chose sont en vous.

« Ainsi que moi, ainsi que tous les êtres, il poursuit, à travers des transformations successives, à travers le temps et l'espace, sa marche ascendante vers vous.

« Veillez sur cette existence qui me fut et qui m'est encore si chère ! soutenez-la dans ses luttes mystérieuses, éclairez-la de votre amour et rendez-moi digne d'elle, digne de vous ! »

Je ne crois pas qu'il ait jamais existé une nature plus nerveuse et plus délicate, une âme plus impressionnable que celle de Ludovic. Il avait des tristesses et des joies d'enfant ; je l'ai vu se désoler pour des chimères et sourire à des anges invisibles. Dans ces pages, qui feraient bien un gros volume et où je puise au hasard, je le retrouve tout entier, et chacune d'elles me rappelle son œil distrait et caressant, son sourire triste et doux. Était-il amoureux ? Je l'ai toujours cru ; mais il était sur ce point d'une réserve que j'ai toujours respectée. Rien n'est plus odieux que les amitiés indiscrètes ; on donne ce qu'on veut ou ce qu'on peut donner.

Ordinairement, il subissait l'influence de l'atmosphère : il souriait avec le soleil et pleurait avec la pluie. Un jour de brouillard et de froid, je le trouvai, par extraordinaire, rayonnant de joie, et, tout en causant avec moi, il écrivit cette page, où je vois d'ici courir sa main, presque aussi fine qu'une main de femme. On eût dit que sa pensée s'échappait de son cerveau et de son cœur avec moins d'effort que l'eau s'échappe de la source. Voici cette page écrite d'une petite écriture ferme et serrée :

« O mon Dieu ! d'où me vient la joie qui épanouit mon âme et à laquelle je ne puis assigner aucune cause? Mes poumons se dilatent, mon cœur tressaille comme si j'aspirais l'air vivifiant des montagnes.

« Tout m'apparaît brillant et coloré ; en vain le ciel est sombre, je vois, à travers les nuages et avec les yeux de ma pensée, l'azur infini du firmament ; en vain la nature semble être en deuil, mon imagination la revêt de ses plus riches, de ses plus verdoyantes parures.

« L'air est muet, et je crois pourtant au loin entendre le murmure des ruisseaux serpentant sous l'herbe des prairies.

« Je vois la mer souriante et calme; les champs, couverts de riches moissons, promettent l'abondance aux pauvres laboureurs.

« Quand tout devrait l'attrister, tout au contraire réjouit mon œil ; les hommes me semblent meilleurs, l'avenir m'apparaît brillant de douces promesses, je crois au bien ; le bonheur chante en moi ses joyeuses fanfares, l'amour sourit sur mes lèvres et dans mon cœur.

« C'est vers vous, ô mon divin Père ! que je fais remonter ce doux rayon d'allégresse qui me vient de vous, qui m'inonde de ses célestes clartés.

« Et cependant, à cette heure même, que de larmes coulent loin de moi !

« Combien de chagrins, combien de tortures que j'ignore ! que de mères affligées, que d'enfants orphelins, que de désespoirs solitaires !

« O mon Dieu ! consolez ceux qui pleurent, soulagez ceux qui souffrent ! envoyez-leur, comme à moi, un éclair de vos joies éternelles ! faites briller à leurs yeux quelques lueurs d'espoir ! encouragez-les, soutenez-les dans leurs misères ! faites-moi servir, faites servir tous les heureux de la terre à soulager leurs maux, à apaiser leurs souffrances ! donnez à vos fils malheureux, ô mon Père! ô mon Maître adoré! la foi qui sauve, l'amour qui console et l'espérance qui encourage! »

Je ne sais si je me trompe, mais il faut remonter aux temps héroïques de la foi, aux époques organiques, pour rencontrer le sentiment de piété, la notion de Dieu qui éclatent dans ces jets, dans ces improvisations pleines de sève. Ludovic priait sans cesse et à propos de tout; il priait en souriant. Il priait, me disait-il quelquefois, aux pieds de ses maîtresses. Le bonheur n'est-il pas une prière? Il était panthéiste sans doute, mais non panthéiste à la façon de Spinosa. S'il croyait que nous étions tous en Dieu, il était convaincu aussi que nul de nous n'était Dieu; il avait à cet égard des idées très-arrêtées qu'il développait de la façon la plus originale du monde. Il avait résumé ses pensées sur ce sujet dans la prière suivante, que je soumis un jour à un prêtre fort distingué, qui ne voulut pas m'en dire son avis, mais qui tint à en prendre une copie. Pour ceux qui ont connu Ludovic, il est tout entier dans cette page :

« Combien votre toute-puissance et votre suprême bonté, ô mon Dieu! resplendissent et se manifestent sans cesse aux yeux de celui qui vous cherche, non dans les mystiques profondeurs de l'immensité, en un certain lieu et sous un certain aspect, comme un trop grand nombre est porté à le faire, mais qui vous cherche dans la nature entière, dans tout ce qui est, dans l'ensemble des êtres, depuis les soleils qui tourbillonnent dans l'espace jusqu'au brin d'herbe où l'insecte s'abrite!

« Par quelle loi inconnue à mon intelligence, par quel mystère votre infinité se compose-t-elle de nos parcelles finies ?

« Comment nos imperfections peuvent-elles être contenues dans votre perfection idéale ? Comment nos perversités s'unissent-elles à votre bonté parfaite ?

« Je l'ignore ; mais toutes les voix de mon cœur et de ma raison, les élans de la foi ardente qui m'anime, tout enfin me crie que nous sommes en vous, Seigneur ! que rien n'est en dehors de vous, pas même ce qui semble le plus indigne de votre souveraine grandeur ; pas même ceux qui blasphèment votre saint nom, ô Père ! et qui vous méconnaissent comme l'enfant méconnaît d'abord la mère qu'il chérira un jour.

« Nous vivons de votre vie, et vous êtes le seul, l'éternel, le grand, le vrai Dieu du passé et de l'avenir, le Dieu Père et Mère à la fois de toutes les races, de toutes les générations, non pas seulement sur notre globe infime, mais en tous lieux, et partout, dans chacun des points de l'immensité que vous remplissez de votre gloire, que vous animez de votre souffle immortel.

« Nul n'est Dieu, si ce n'est vous, ô mon Père! et nul n'est hors de vous. Notre but est donc de nous élever sans cesse vers les hauteurs incommensurables de votre intelligence, de votre bonté, de votre beauté splendides. Chaque pas, chaque acte de notre vie, doivent tendre à nous rapprocher de ce but éternel.

« En vue du type de votre perfection sublime, je ne dois rien négliger de ma vie présente ; aucun de ses aspects ne doit m'être indifférent, puisque cette vie est un souffle de votre éternelle vie et qu'elle est le chaînon qui m'unit à vous.

« Quels que soient mes maux, je ne dois pas appeler la mort, qui viendra, à l'heure marquée par vous, ô mon Père! me donner le baptême d'une vie nouvelle ; je ne dois pas l'appeler, car chacun des jours qui me séparent d'elle, qu'il soit assombri par la souffrance ou illuminé par la joie, est nécessaire au développement, au progrès de mon existence.

« Dans chaque action de ma vie je dois donc avoir pour objet de cultiver en moi et hors de moi ces trois faces sous lesquelles m'apparaît votre essence infinie, ce triple aspect de votre Trinité sainte :

AMOUR,
INTELLIGENCE,
BEAUTÉ !

« Toute la règle de ma vie est dans l'adoration, le culte sans cesse actif de cette triple incarnation de votre souveraineté, ô mon Roi ! ô mon Père !

« C'est en pratiquant cette règle, c'est en l'enseignant avec ferveur, que je rendrai mon cœur, mon esprit et mon corps de plus en plus dignes de votre AMOUR éternel, de votre

INTELLIGENCE suprême, de votre BEAUTÉ immortelle.

« C'est en travaillant à épurer, à ennoblir sans cesse mon amour et l'amour des autres ; à cultiver mon intelligence et les intelligences auxquelles je m'adresserai ; c'est en soignant mon corps comme le tabernacle d'un des rayons de votre Trinité ; c'est en aimant, en cultivant ce qui est bon, ce qui est beau, ce qui est intelligent, que je me rapprocherai et me rendrai digne de vous !

« BEAUTÉ, INTELLIGENCE, AMOUR ! rayons divins de la majesté et de l'infinité de mon Dieu, vous nous éclairez, vous remplissez notre vie, et vous faites de nous un reflet, une image de Dieu lui-même !

« Comment l'hymne de ma joie, de ma reconnaissance, ne monterait-il pas, ne descendrait-il pas, ne rayonnerait-il pas en gerbes de feu vers mon Dieu, vers mon Père, vers le foyer immense d'où la BEAUTÉ, L'INTELLI-

GENCE et l'amour, s'épanchent éternellement et sans cesse en flots lumineux sur les mondes? »

Ces cantiques, ou, si vous l'aimez mieux, ces démonstrations enthousiastes de l'existence de Dieu, ces affirmations passionnées abondent sous sa main, et je n'ai que l'embarras du choix. En voici une qui me paraît remarquable à plus d'un titre :

« A cette heure où tout repose autour de moi, où le silence m'enveloppe, je me prosterne devant votre face auguste, ô mon souverain Maître! et mon faible esprit essaye de se rendre compte de votre infinité, de votre éternité, de votre immensité.

« Vous ÊTES, mon Dieu! car je suis et je ne puis ÊTRE qu'en vous, et, quand la mort m'aura effacé du nombre des vivants, je SERAI, puisque vous SEREZ encore, et vous serez toujours. Il est donc vrai que je serai encore, que je serai toujours, même quand mon regard sera éteint et mon corps réduit en poussière.

« Quelque faible et quelque indigne que je sois, ô Père ! je suis de vous, je suis en vous, et c'est là ma gloire et ma force !

« Vous contenez les myriades de soleils répandus dans l'espace, et au delà des vastes horizons où vos astres étincellent, au delà des mondes semés dans l'immensité et que mon regard interroge, des plaines plus vastes encore se déroulent que peuplent d'autres soleils; et au delà encore, toujours et sans cesse s'étend le vaste océan de l'infini avec ses étoiles rayonnantes, son ordre immuable, son harmonie éternelle.

« Et pourtant cette immensité que mon esprit conçoit n'est qu'un rayon de votre immensité !

« Je me prosterne abîmé devant votre grandeur, mais fier, mais heureux d'être une des parcelles qui la composent, et je sais bien que ma tâche glorieuse est d'aspirer sans cesse et de m'élever vers vous, ô mon divin Maître !

« La fleur qui s'entr'ouvre et tressaille sous les baisers mystérieux de la séve ; le sable de la grève qui s'agite sous l'écume frissonnante des vagues ; les hommes, les cités, les nations que votre souffle émeut et dirige ; les soleils qui roulent éclatants et silencieux dans l'espace immense, rien n'est immobile, donc vous n'êtes pas immobile !

« Le mouvement, qui est la loi des mondes, vient de vous ; donc la création fermente éternellement dans votre sein ; et je suis, moi, pauvre atome, et chacun de nous, homme ou femme, riche ou pauvre, petit ou grand, est un des agents de cette création inépuisable.

« Comment ne me glorifierais-je pas de

me sentir ainsi lié à vous, vivant par vous et pour vous?

« Comment ne m'humilierais-je pas profondément en mesurant mon indignité? mais aussi comment mes forces faibliraient-elles quand cette foi profonde vit en moi et m'éclaire?

« Je ne suis qu'un grain de sable sous vos pieds, Seigneur! mais ce grain de sable est un fragment de votre être; il pense, et, ce qui vaut mieux encore, il aime!

« A tout homme, à chacun de ces grains de sable, donnez cette conviction qu'il est en vous, que vous êtes en lui! Enseignez-lui que l'amour est le ciment impérissable qui unit entre elles toutes ces individualités sans lien aujourd'hui, parce qu'elles vous ignorent, ô Père! ô Bonté infinie!

« Inspirez-nous l'amour, l'amour qui seul peut nous rendre meilleurs et nous grandir vers vous! »

Je n'en finirais pas si je voulais reproduire ici tous ces petits poëmes dans lesquels Ludovic laissait s'exhaler le trop-plein de son âme et son amour divin. Je vous demande cependant la permission de citer encore, dans cet ordre d'idées, la pièce suivante, que je trouve avec cette épigraphe :

> In Deo vivimus, movemur et sumus.
> S. Paul.

« Il est bien vrai, ô souverain Père! ô Dieu de miséricorde et de bonté! ô suprême Intelligence, Amour sans bornes, Beauté adorable! il est bien vrai que nous respirons par votre haleine, que nous aimons par votre amour, que nous pensons parce que nous sommes un rayonnement de votre intelligence.

« Mais de ce que nous sommes une partie de votre être, faut-il conclure que nous soyons vous-même, que chacun de nous soit Dieu ?

« Gardez à jamais l'orgueil humain d'une témérité pareille ; préservez-nous de e panthéisme confus qui fausse toutes les notions du juste et de l'injuste, de la vérité et de l'erreur.

« Vous seul êtes Dieu, le Dieu de l'univers, le Dieu vivant par qui tout vit ; le Père et la Mère de tous les hommes, de toutes les nations, de toutes les races.

« Nous sommes en vous, Père ; mais nul n'est vous. Et, si ce n'était une profanation de comparer les choses les plus minimes aux choses éternelles, je pourrais dire que l'homme, de ce qu'il est en vous, ne peut pas plus prétendre à être vous, ô mon Dieu ! qu'un cheveu de ma tête, de ce qu'il fait partie de mon corps, ne peut prétendre à être moi-même.

« Puisse cette foi vivifiante que nous sommes en vous, que nous sommes les instruments finis de votre création incessante et infinie, que nous devons tendre éternellement vers vous par l'amélioration de nous-mêmes et des autres, par le culte religieux de notre cœur, de notre intelligence et de notre corps, puisse cette foi douce et consolante germer et fleurir dans toutes les âmes! Puisse-t-elle nous rendre meilleurs et de plus en plus dignes de vous, ô Père adoré! »

On voit combien le panthéisme de Ludovic différait des panthéismes anciens, et combien il prenait soin lui-même de marquer la différence qu'il sentait si profondément. La prière, on le sent déjà, était le premier besoin de cette âme ardente; il disait souvent que la faculté de prier était la plus précieuse de toutes celles que Dieu a départies aux hommes. Voici sur la prière une page que je veux citer :

« Que la prière est douce à mon cœur, ô Père de miséricorde et de bonté ! et que je vous remercie de laisser arriver à mes lèvres altérées d'amour ce flot béni qui me porte vers vous, cette source fécondante où je puise les ardeurs de la foi et les ivresses de l'amour divin !

« La prière, c'est la joie et l'espoir de nos âmes ; c'est le lien de nos misères avec les splendeurs de votre immensité ; c'est le souffle divin qui nous élève jusqu'à vous ; c'est la seule langue dans laquelle nous puissions vous parler, ô Bonté infinie !

« Trop souvent l'orgueil des hommes méconnaît la douceur et la puissance de la prière ; ils craignent de s'humilier en vous invoquant. Permettez, ô Père ! que cet aveuglement soit de courte durée ; placez sur les lèvres de vos élus le charbon ardent qui portera la lumière dans tous les cœurs !

« Oh! que mon âme s'exalte et tressaille quand la prière permet à mon faible regard de plonger dans les profondeurs de votre être, quand elle me rapproche de vous, ô mon Père! quand elle me laisse espérer que le développement de ma vie est en vous, ô mon Dieu!

« Eh quoi! nos puériles vanités sont flattées quand les princes de la terre nous admettent en leur présence pour solliciter leurs faveurs, et notre orgueil se révolterait à l'idée d'implorer le plus tendre des pères, de lui demander non-seulement pour nous, mais pour tous nos frères et toutes nos sœurs, la lumière de son intelligence infinie, un rayon de son éternel amour, un reflet de sa beauté idéale!

« La prière seule élève et purifie. Vous prier, mon Dieu! se réfugier avec amour, avec confiance, dans votre sein maternel, vous invoquer avec piété, appeler les trésors de votre miséricorde sur les opprimés et les faibles, n'est-ce pas le triomphe du plus saint orgueil ?

« Ne détournez pas de nous l'onde pure et fortifiante des prières ! Ne permettez pas que nos lèvres désapprennent ce consolant et doux langage qui est la poésie de la foi, comme les bonnes œuvres en sont les actes éloquents. O Père adoré qui êtes en tous lieux, enseignez-nous les prières qui vous sont les plus douces et exaucez-les, Seigneur ! »

A l'époque où me reportent les souvenirs de cet ami si vivement regretté, nous eûmes une très-longue discussion sur le libre arbitre. Un de nos amis, par amour du paradoxe sans doute, voulait prouver à Ludovic que sa notion de Dieu le menait droit au fatalisme. Je retrouve les traces de cette discussion et toute la pensée de Ludovic dans les lignes suivantes, qui valent sans contredit toutes celles que je viens de reproduire :

« Plus ma pensée et mon cœur remontent vers les sources de ma vie, vers vous, ô mon Dieu ! et plus je suis pénétré de reconnaissance, d'admiration, pour vos bontés infinies ; plus mon faible esprit aime à sonder les mystères de votre vie universelle, de votre puissance sans limites.

« Ma gloire et mon bonheur consistent à sentir que ma vie émane de la vôtre ; que vous êtes le soutien et le guide de ma faiblesse, que je suis parce que vous êtes, et que ma vie est éternelle par cela seul qu'elle est en vous.

« Mais, si mon être est si intimement lié à votre être infini, si mon souffle n'est qu'un souffle de votre universelle vie, si mon intelligence et mon amour ne sont que des rayons de votre amour et de votre intelligence sans limites, le cercle de mes actions n'est-il pas aussi fatalement, aussi irrévocablement tracé que semble l'être celui où se meuvent les astres qui m'éclairent?

« Ai-je la liberté de choisir entre le bien et le mal? N'est-ce pas vous qui agissez pour moi, et votre éternelle providence n'a-t-elle pas déterminé, à l'avance, chacun de mes mouvements, chacun de mes actes, comme le mécanicien détermine à l'avance les fonctions des rouages qu'il emploie?

« Non! mon cœur et ma raison protestent contre cette idée que chacun de nous ne serait, dans vos mains, qu'un instrument inerte et fatal de votre création éternelle.

« Je crois, ô Père! qu'en donnant à une partie infinitésimale de votre être l'empreinte de mon individualité, de mon MOI, vous avez laissé à cette partie de vous-même la liberté d'action où elle se meut.

« Je suis libre! je sens que je dois l'être, et, si je ne l'étais pas, je ne serais pas de vous et en vous, ô mon Dieu! vous qui avez laissé mourir sur la croix le plus glorieux de vos fils, pour qu'il rachetât les esclaves !

« Non ! je ne puis, je ne dois pas croire qu'ils soient menteurs, ce mot, ces instincts de LIBERTÉ qui font battre le cœur des peuples. C'est un pieux et saint héritage que celui des efforts sublimes de tant de générations, tant de martyrs, tant de penseurs, tant de poëtes qui ont consacré leur génie et leur vie à l'établissement, au maintien ou à la défense de la liberté humaine !

« Ne permettez jamais que ce flambeau, allumé au prix de tant de sang, de tant de larmes, de tant de sacrifices, s'éteigne dans nos mains, et que, privé de sa lumière, le monde retombe dans les ténèbres de la barbarie !

« Mais je vous implore surtout, ô Justice éternelle ! pour que chacun de nous, hommes et femmes, familles et peuples, pour que tous fassent de cette liberté, le plus précieux de vos biens, un usage conforme à vos desseins, à votre providence !

« Que ce flambeau nous serve à nous diriger vers vous, Bonté suprême ! qu'il nous unisse au lieu de nous diviser ! qu'il éclaire le monde, et qu'il ne l'incendie jamais ! »

Il est presque inutile de dire que Ludovic aimait passionnément, non pas peut-être les femmes, mais la femme. Quand une fois il était sur ce terrain, sa verve était intarissable; sa parole, toujours douce et grave, prenait d'incroyables teintes de tendresse. Voici deux chants féminins où les sentiments qui lui étaient familiers sont exprimés avec bonheur, ce me semble :

« Que celui d'entre vous qui est sans péché lui jette le premier la pierre ! »

« La femme adultère vint se prosterner à

vos pieds, ô Jésus! ô mon Maître! Au lieu de la maudire, vous étendîtes la main sur elle pour la sauver des fureurs qui la poursuivaient, et vous relevâtes la pécheresse.

« Leçon sublime, enseignement divin que tout homme devrait graver au fond de son cœur!

« Pardonnez de même, ô mon Dieu! à toutes celles qui pèchent ainsi! Pardonnez aux femmes que l'amour égare, que la passion entraîne, pardonnez-leur le mensonge et la ruse que la seule brutalité des hommes leur impose.

« Enseignez-nous, ô Jésus! votre divine indulgence pour les femmes, votre saint pardon pour leurs fautes, dont nous sommes les complices!

« Enseignez-nous, ô tendre Maître! à respecter les femmes, même dans leurs faiblesses, car nous sommes plus faibles et plus injustes qu'elles!

« Donnez-nous la vertu de les soutenir dans leurs luttes et de les relever dignement quand elles tombent, ainsi que vous nous en avez donné l'exemple, ô Jésus bien-aimé !

« Permettez, mon Dieu ! que tout homme, avant de blâmer ou de condamner une femme, se souvienne de sa mère ou de sa sœur !

« Nulle loi n'est plus souvent enfreinte que celle qui régit l'union des sexes ; si cette loi est insuffisante ou incomplète, inspirez-nous les sentiments qui la feront modifier !

« Mais d'abord, mais surtout, remplissez nos cœurs des trésors de votre miséricorde, inspirez-nous cette indulgence sainte dont Jésus nous a donné l'exemple.

« Si l'amour, si la passion est condamnable, si ce ne sont là que des manifestations désordonnées de votre éternel amour, éclairez ceux et celles qui pèchent ; éclairez-nous, mais éloignez des femmes l'anathème et la raillerie, vous, ô Jésus ! ô divin Maître qui avez pardonné à la femme adultère ! vous qui avez élevé et béni entre toutes les femmes l'admirable et sainte femme qui fut votre mère ! »

Immédiatement après, et sur le même feuillet, se trouve la pièce suivante, qui est inspirée par le même sentiment :

« Quand la Madeleine, belle de jeunesse et de repentir, transfigurée par l'amour, vint se prosterner et répandre à vos pieds, ô Jésus ! ses plus doux parfums, vous dites qu'il lui serait beaucoup pardonné parce qu'elle avait beaucoup aimé.

« Vous vouliez ainsi nous enseigner, ô céleste Lumière ! que l'amour étant la plus pure essence, et la plus parfaite, la plus gracieuse manifestation de Dieu, c'est par l'amour surtout que nous devons nous élever vers lui et tâcher d'imiter ses inimitables perfections.

« Aimer, ô Christ ! c'est obéir à votre plus sainte loi ! Aimer, ô mon Dieu ! c'est remplir la mission pour laquelle vous nous avez placés ici-bas. Aimer, c'est vivre de votre vie, ô éternel amour !

« Faites, ô souverain Maître ! ô Beauté sublime ! que le rayon d'amour par lequel nous sommes ne se voile jamais en nous ! Ne permettez jamais que cette flamme céleste pâlisse dans nos cœurs ! Faites-la briller dans les âmes grossières qu'elle n'a point éclairées! Rallumez-la dans celles où elle s'est éteinte !

« Pardonnez, ô divin Père ! à ce que les manifestations de l'amour humain peuvent avoir de désordonné et d'excessif !

« Que votre miséricorde descende sur les femmes que l'amour a égarées ; sur celles que leur beauté, leurs passions, leur misère ou leur ignorance ont entraînées dans l'abîme !

« Pitié pour les filles du peuple que les séductions du vice ont perdues ! Dans leur abjection même où les poursuit l'implacable anathème de leurs séducteurs, faites jaillir une étincelle de votre pur amour, afin qu'à elles aussi il soit beaucoup pardonné !

« Permettez que les puissances de grâce, d'attrait, de charme, de beauté, qui embellissent la femme et qui font la joie de nos regards et de nos cœurs contribuent au bonheur et à la moralisation du monde, au lieu de l'affliger et de le troubler !

« Enseignez-nous, enseignez aux femmes comment elles pourront rendre utiles et féconds les admirables instincts de dévouement que vous avez mis en elles !

« Préservez-les des tentations de la débauche, et, pour cela, améliorez le cœur des hommes en leur inspirant le respect de la liberté et de la dignité des femmes, l'indulgence pour leurs faiblesses sans cesse provoquées !

« Unissez les sexes dans une loi de mutuel amour ! Donnez aux manifestations de nos sens la sainteté, le charme de la pudeur qui peuvent seuls les ennoblir et les élever.

« Pitié pour les femmes tombées, ô mon Dieu ! Si un rayon d'amour a éclairé leurs ténèbres ou précédé leur chute, pardonnez-leur comme Jésus pardonna à Madeleine, parce que, comme elle, elles ont aimé !

« Si ce rayon divin leur a manqué, faites-le briller dans leurs cœurs afin de les purifier et de les rendre dignes de votre divin pardon ! »

Ce sentiment si chrétien, cette profonde indulgence, cet amour pour la femme, sont exprimés sous mille formes poétiques ou ingénieuses. L'âme de Ludovic était un foyer d'ardente et d'inépuisable tendresse. J'ai dit tout à l'heure quelle réserve mystérieuse il apportait dans ses confidences, même à l'égard de l'amitié la plus intime, lorsqu'il s'agissait de ses relations féminines. Tout ce que je sais, c'est qu'il aimait et qu'il était aimé.

Je me souviens qu'un soir il arriva à notre rendez-vous habituel dans une très-vive agitation dont je lui demandai la cause. Il venait de quitter une jeune femme dont le fils était dangereusement malade.

— Pauvre femme! pauvre mère! s'écriait-il, elle sait combien je crois à l'efficacité de la prière, et elle me demandait une formule, une oraison, comme si j'étais un marchand de patenôtres! Je suis tombé à genoux près du berceau où l'enfant était assoupi par la fièvre, et je n'ai trouvé qu'un mot : « Mon Dieu! sauvez-le! sauvez-le! »

L'enfant s'est éveillé, et, de ses grands yeux bleus, il m'a regardé, puis il m'a souri avec ce gracieux et pur sourire de l'enfance. « Il est sauvé ! » s'est écriée la mère tremblante d'émotion. Hélas, non ! il n'est pas sauvé, et j'ai hâte d'être à demain pour savoir comment la nuit s'est passée. La nuit ! elle sera longue, reprit-il tristement, car je ne dormirai pas !...

Je tâchai de le distraire de cette préoccupation, mais je n'y pus parvenir. Il couvrit de sa petite écriture plusieurs feuilles de papier qu'il froissa et jeta dans un coin. Après qu'il m'eut quitté, j'essayai de rajuster ces lambeaux que j'ai conservés, et je lus ceci :

UNE MÈRE POUR SON ENFANT MALADE

« Mon Dieu ! Mon Père bien-aimé ! vous m'avez donné un enfant qui faisait le bonheur de ma vie et la joie de mon âme.

« Il vous a plu de troubler ce bonheur, d'attrister cette joie ; il vous a plu de me frapper de la façon la plus affligeante en privant de sa santé si joyeuse et si vermeille ce bel ange innocent, ce frais espoir de ma vie, ce doux rêve de mon amour !

« Pardon pour mes fautes, ô mon Père ! pitié pour moi ! et que votre miséricorde et votre clémence éclatent à mes yeux par la guérison de mon enfant adoré !

« Ne me punissez pas en lui ! Que votre châtiment tombe sur moi seule, mais épargnez cette frêle et douce créature ! Rendez à ses yeux éteints le vif éclat de la gaieté ; à ses lèvres, que la fièvre a desséchées et pâlies, leur frais sourire ; à sa voix les cris joyeux, les paroles enfantines qui me faisaient si heureuse et si fière !

« Il n'est pas de plus affreuse douleur que de souffrir dans son enfant, et mes iniquités doivent être bien grandes pour que cette souffrance amère, cette immense douleur viennent déchirer mon âme ! Mais je me prosterne devant votre souveraine justice, Seigneur ! en même temps que j'invoque votre souveraine bonté, ô mon Père ! J'accepte la peine avec résignation comme j'avais accepté la joie avec ivresse quand vous me fîtes cette grâce ineffable de me rendre mère !

« Pitié, Seigneur ! Sauvez mon enfant ! O vierge Marie ! Mère trois fois sainte ! céleste patronne des mères affligées, intercédez pour mon enfant innocent ! Enseignez-moi les actes, les prières qui le sauveront !

« Je le guiderai dans votre voie, ô mon Dieu ! Je le formerai à bénir votre saint nom, à vous prier, à vous aimer d'un amour actif qui se répande comme un flot bienfaisant parmi les hommes.

« Pitié pour mon repentir et pour mes larmes ! Rendez-moi le sourire, le regard limpide et les caresses de mon enfant ! O mon impérissable amour ! O mon Père ! permettez que je ne vous implore pas en vain !

« Sauvez mon enfant ! »

Dans cette étrange collection, de laquelle j'extrais des feuillets presque au hasard, se trouvent des prières spéciales pour toutes les circonstances de la vie et pour certaines catégories de travaux : prière du réveil, prière du soir, prière pour la vendange, prière pour la moisson, prière pour les voyageurs, etc., etc. Ce qui précède suffit pour donner une idée des préoccupations habituelles de cet esprit sérieux, de cette imagination ardente, de cette âme si tendre. Je ne voudrais cependant pas quitter la série d'études et de sentiments exprimés dans l'invocation précédente sans citer au moins un passage où éclatent à la fois cet amour de l'enfance qui était chez Ludovic à l'état de passion, et cette croyance à la vie future qui était le fondement et pour ainsi dire la base de ses croyances. Le feuillet porte pour épigraphe:

Et lux perpetua luceat eis!

« J'ai vu la mort frapper indistinctement les riches et les pauvres, les jeunes et les vieux, les humbles et les superbes.

« Elle est venue, cette mystérieuse messagère de vos volontés et de votre justice, Seigneur! frapper mon père auprès de mon berceau, mes amis dans mes bras. Et toujours je l'ai saluée avec calme et avec respect; toujours je l'ai interrogée avec une foi ardente, car je sentais qu'elle portait en elle le plus profond et le plus austère enseignement de la vie. Au delà du sillage de larmes qu'elle laisse après elle, je voyais étinceler les lueurs indécises d'un avenir et d'un monde inconnus!

« Parmi tous ces cercueils que j'ai croisés ou suivis sur ma route, j'en ai vu un, sur lequel j'avais pleuré des larmes bien amères, et qui renfermait le corps d'un pauvre petit enfant, mort après quelques jours d'existence qui avaient été autant de jours de torture.

« Sa mère désolée exprimait surtout son désespoir en doutant de votre justice, en niant votre souveraine bonté, ô Père! Elle blasphémait, l'infortunée! en vous reprochant de frapper l'innocent et de laisser succomber le juste.

« Et une voix s'éleva qui lui dit :

« O femme! pourquoi maudissez-vous? Mère, pourquoi nier la bonté de celui qui donne sans cesse la vie à chacun et à tous? Pourquoi nier sa justice?

« Votre enfant est mort! Mais qui vous dit, pauvre mère! que, dans les éternels desseins du Roi de miséricorde, cette mort ne soit pas justice et bonté? Pleurez, mère!

mais respectez la volonté de Dieu; votre Seigneur!

« Vous parlez d'innocent frappé et de juste qui succombe! mais qui donc est juste et innocent, si ce n'est Dieu?

« Vous croyez que la mort est un châtiment; j'affirme qu'elle est une récompense!

« Mère! votre enfant avait vécu avant de naître; il vit encore aujourd'hui. Savez-vous quelles existences il avait traversées dans le sein de Dieu, avant que l'universel amour ne l'eût animé dans vos entrailles maternelles?

« Qui vous dit que les douleurs qui ont épuisé son pauvre petit corps pendant ces jours d'angoisses ne sont pas, pour vous et pour lui, la conséquence d'une vie antérieure, ou la préparation à une vie nouvelle, à une réunion plus durable de vos deux existences?

« Cessez donc de blasphémer, ô femme! et séchez vos pleurs!

« Puis la voix reprit :

« Dans le sein de mon Dieu, rien de ce qui Est ne cesse d'Être, puisque rien de ce qui est n'est en dehors de Dieu et que Dieu est éternel!

« Votre enfant vit; il vit en vous, pauvre mère! aussi bien qu'en dehors de vous. Continuez à le soigner, cet enfant bien-aimé, en soignant votre âme, votre intelligence et votre corps. Dieu ne vous l'a pas repris; il l'a éloigné de vous; vous le retrouverez.

« Femme, ayez confiance! Pauvre mère, espérez! »

Je ne crois pas que jamais homme ait aimé l'enfance avec plus de tendresse. Ludovic était lié avec toutes ces grosses nourrices qui, pendant les beaux jours de l'hiver, se prélassent avec leurs *babys* sous les grands arbres dépouillés de verdure. Il connaissait par leurs noms tous ces mignons chérubins, vermeils et joufflus, qui l'accueillaient toujours d'un gracieux sourire; il avait avec eux de longues conversations et il prétendait que les enfants étaient beaucoup plus intelligents et beaucoup plus spirituels qu'on ne croit généralement. Parmi d'innombrables pages à l'adresse de l'enfance, je vous demande la permission de citer celle-ci :

« Mon Dieu ! combien votre bonté éclate en traits gracieux sur le visage d'un enfant! De toutes vos manifestations, il n'en est pas de plus sympathique et de plus souriante ! Il n'en est pas de plus fraîche et de plus suave !

« Chers petits êtres! leurs yeux limpides, au regard vague encore, ont la mystérieuse profondeur de l'inconnu; leur sourire est comme le reflet des joies sereines d'un monde meilleur.

« D'où viennent-elles ainsi, ces mignonnes petites créatures? Quelles existences ont-elles déjà traversées? Quelles épreuves ont-elles subies avant que vous les ayez jetées dans nos bras, ô divin Père! A quels travaux, à quels plaisirs, à quelles douleurs destinez-vous ces blondes têtes?

« Si les enfants portent en eux le germe de l'avenir, ne sont-ils pas aussi la vivante tradition du passé, les apôtres, les messagers, les exécuteurs de vos volontés futures?

« Enseignez-nous à soigner, à élever, à cultiver ces précieuses existences, ces flexibles rameaux de l'arbre de la vie! Mettez dans nos mains le flambeau qui doit les guider un jour vers la vérité éternelle!

« Donnez-nous la force, la tendresse nécessaires pour former, pour développer, pour contenir ces natures si diverses!

« Veillez sur ces frêles et innocentes créatures, espoir chéri des générations qui s'en vont !

« Protégez, préservez de tout contact impur ces fraîches fleurs sans cesse écloses à votre souffle bienfaisant !

« Rendez-leur légères les peines inévitables de la vie ; éloignez d'eux tous les maux, toutes les habitudes funestes !

« Que le foyer paternel soit toujours pour eux une ruche féconde en tendresses et en exemples salutaires ! Qu'ils y apprennent surtout à vous bénir, mon Père, à vous aimer dans tout ce qui les environne !

« Que leur sourire rencontre longtemps le sourire maternel, et que les orphelins trouvent un jour dans la société, non plus une marâtre officielle et froide, mais une mère pieuse, tendre et dévouée !

« Enseignez-nous à aimer les enfants sans aveugles faiblesses et d'un fortifiant amour ! Faites, Seigneur, que nous respections en eux, non-seulement les hommes de l'avenir, mais les hommes du passé; non-seulement nos successeurs, mais nos aïeux ! Veillez sur les enfants, ô Père céleste ! entourez leurs berceaux de votre protection divine !

« Guidez leurs pas, réjouissez leurs yeux, fortifiez leurs cœurs, car ils sont pour nous votre grâce, votre pureté, votre plus doux sourire¹. »

Une prière intitulée : *Pour les enfants pauvres*, et que je ne puis citer en entier, parce qu'elle touche à des questions d'économie sociale, contient les passages suivants :

« ... Seigneur ! Seigneur ! donnez-nous les secrets de votre amour, de votre charité, de votre providence ! Apprenez aux aînés de la famille humaine à aimer, à secourir, à sauver les cadets, les derniers venus, les affligés et les pauvres !

« J'ai vu de jeunes mères rayonnantes des joies de la maternité ; leur enfant reposait auprès d'elles sous les rideaux de dentelle et de soie, dans des langes de toile saine et fine. De fraîches nourrices allaitaient ces petites créatures blanches et roses ; des serviteurs nombreux, des parents pleins de tendresse s'empressaient autour de ces berceaux dorés.

« Non loin de là, j'ai vu de pauvres enfants hâves, chétifs, délaissés ; d'autres étaient sales, déguenillés, battus, dressés à de funestes habitudes, et j'ai pleuré en me voyant impuissant, j'ai pleuré, ô mon Père ! sur ces pâles fleurs étiolées que le vent de la misère disperse sous nos pas ! Je vous ai prié et je vous prie du fond de mon cœur pour ces enfants déshérités.

« Hâtez le jour où les chefs des sociétés

humaines, éclairés tout à coup par votre sainte loi d'amour, vaincront la misère et l'ignorance, où toute famille sourira à la venue d'un enfant.

« ... En attendant ce jour, que je voudrais hâter de mes vœux et de mes travaux, permettez-moi de crier vers vous, de vous implorer en faveur de l'enfance pauvre et souffrante, de l'enfance sans lait, sans feu, sans abri, sans caresses !

« Les enfants, mon Dieu ! c'est votre phalange sacrée ! c'est votre face gracieuse ; c'est votre regard, votre sourire plein de douces promesses, de consolants espoirs ! c'est le miel de vos lèvres, c'est le rayon de soleil qui dore la vieillesse des générations épuisées.

« Les enfants n'ont qu'un seul et même père, et ce père, c'est vous, ô Bonté suprême ! Enseignez-nous à les aimer, à les élever vers vous ! »

J'ai cité tout à l'heure un chant de joie, un cri de bonheur échappé de cette âme mobile et impressionnable. Voici la contre-partie ; c'est un sanglot dont j'ai dû connaître la cause autrefois, mais je ne la retrouve plus dans ma mémoire :

« Que la vie est longue, ô mon Dieu ! que le fardeau de nos douleurs est lourd à porter !

« D'où nous viennent ces heures d'abattement, de désespoir, de tristesse, où tout se décolore, où tous les liens qui nous attachent à la famille et au monde semblent se briser, où la mort nous apparaît comme le bien suprême, non parce que nous la croyons ce qu'elle est en réalité, — votre messagère de jeunesse et de vie, — mais l'immobilité, le repos, tant la fatigue accable notre corps et notre âme ?

« Dissipez, mon Père, ces heures de ténèbres et de doute ! Ne nous laissez pas faiblir ! Soutenez-nous pendant ces luttes mystérieuses ! Que votre esprit saint, qui est le souffle de votre éternel amour, descende sur nous ! Inspirez-nous de bonnes actions et la force de les accomplir ! »

Dites-moi donc qu'il est temps de m'arrêter, mon cher ami, car je n'en finirais plus avec ces citations.

Accueillerez-vous, le public accueillera-t-il favorablement cette exhumation de pages volantes qui n'étaient certainement pas destinées à voir le jour, et que leur auteur a, pour ainsi dire, jetées au courant de la plume, sans trop s'inquiéter d'en châtier la forme ? Je sais d'avance toutes les plaisanteries que l'on peut faire sur ce genre de littérature, qui a, du moins, le mérite de n'être pas fort commun aujourd'hui. Je sais que les sceptiques riront, que les dévots exclusifs et les hypocrites de piété se fâcheront tout rouge de voir un homme qui n'est pas des leurs oser s'adresser directement à Dieu, et le prier sans passer par leur intermédiaire. Mais je sais aussi qu'il est dans le monde, et à tous les degrés, des cœurs amoureux, des âmes tendres, qui aimeront, comme je les aime, ces aspirations pieuses, et qui, en faveur du fond, pardonneront à ce que la forme peut avoir de monotone.

Pour moi, il m'a paru qu'au temps où nous sommes, quand un grand nombre d'hommes et de femmes ont oublié les prières de leur enfance, quand la notion de Dieu semble s'être affaiblie dans toutes les âmes, il ne serait peut-être pas sans utilité de publier quelques-uns de ces chants nés d'une conviction profonde, d'une foi religieuse que le christianisme n'a pas directement enfantées. Il me semble que les lèvres qui ont désappris l'*Oraison dominicale*, l'*Ave Ma-*

ria, le *Credo,* que les natures tendres et poétiques qui aspirent vers un avenir inconnu, les esprits flottants que le doute tourmente, trouveront dans ces élans de l'âme de mon pauvre Ludovic quelque douceur et quelque espoir.

Je ne suis pas assez fort en théologie pour savoir si l'orthodoxie catholique trouverait, au point de vue du dogme, quelques propositions à reprendre dans ces invocations ferventes. Mais qu'importe! s'il se rencontre un seul cœur qui soit ému et qui aime à répéter une des prières de Ludovic, j'aurai rendu à cet ami tant aimé l'hommage le plus flatteur, j'aurai honoré sa mémoire de la façon qui doit le plus lui être sympathique.

LOUIS JOURDAN.

Ainsi que je l'ai dit dans les quelques lignes qui servent de préface, je conserve à cet article sa forme et son cadre primitifs. J'y joins trois ou quatre pièces inédites, dans l'espoir qu'elles seront, comme les autres, du goût des lecteurs.

L. J.

PRIÈRE DU MATIN

« Je m'éveille, et mon premier sentiment

ma première pensée, m'élèvent vers Vous, source inépuisable d'amour, de sagesse et de beauté !

« Je vous remercie pour cette journée nouvelle ajoutée à ma vie; puissé-je la remplir de bonnes œuvres !

« Que le flot de vos bénédictions et de votre grâce, Seigneur! se répande sur tous ceux qui souffrent des peines du cœur, des soucis de l'esprit, des maux du corps !

« Merci, mon Dieu, pour cet admirable spectacle du jour qui m'éclaire et déroule à mes yeux les splendeurs de votre création merveilleuse! Merci pour ce bruit de l'activité humaine qui s'éveille et frappe mes sens comme pour me rappeler votre loi d'amour et de travail !

« Les hautes cheminées fument; les fourneaux s'enflamment; les enclumes retentissent; la locomotive laisse échapper sa bruyante haleine; le laboureur creuse le sillon nourricier; toutes les intelligences, tous les bras, sont à l'œuvre. L'amour de la famille n'est-il pas le mobile de tant d'activité?

« Je vous remercie surtout, ô mon Père! de ce que ma première pensée, en remontant vers vous, rayonne en prières et en amour sur tout ce monde des vivants auquel ce jour qui commence m'attache par un lien de plus!

« Donnez à mes relations, à mes paroles, la loyauté qui touche, la bienveillance qui rapproche. Donnez à mon cœur l'amour, à mon esprit la droiture, à mon corps la force et la pureté.

« Épargnez les maux de la vie à ceux que j'aime; veillez sur eux; gardez-les à ma tendresse! Soulagez ceux qui souffrent! Secourez ceux qui luttent! Donnez l'amour à ceux qui l'ignorent!

« Enseignez le monde à marcher dans votre voie, Seigneur !

« Que votre royaume arrive et que votre volonté soit faite ! »

PRIÈRE DU SOIR

« En m'éveillant le matin, je sens se resserrer le lien qui m'unit aux vivants, et qui, par eux, m'unit plus étroitement à vous, mon Père, de qui toute vie émane.

« Le soir, avant de demander au sommeil le repos que ma faiblesse exige, mon cœur s'élève vers vous encore, Seigneur! pour vous remercier et vous bénir!

« Mais à cette heure de silence et de solitude, c'est vers les morts surtout que ma pensée aime à se replier, et là encore je me sens auprès de vous et en vous, ô mon Dieu!

« C'est que vous êtes à la fois le Dieu des vivants et le Dieu des morts; ou plutôt c'est que la mort est une forme mystérieuse, inexpliquée, de votre vie universelle, comme la nuit et le jour sont les deux formes différentes d'une seule et même chose, qui est le temps; comme la veille et le sommeil sont les deux états successifs de l'existence humaine.

« C'est pourquoi sans doute, après le travail et les agitations du jour, après les peines et le plaisir, mon souvenir aime à se réfugier vers ce monde des morts. avec autant de bonheur que mon espérance s'était, le matin, attachée au monde des vivants.

« J'évoque la mémoire des êtres chéris que j'ai perdus et aussi la mémoire des générations qui ont précédé sur ce globe celle qui vit aujourd'hui pour l'accomplissement de vos desseins, ô mon Dieu! Je sens que ma vie est liée à la leur, qu'ils tressaillent en moi, qu'ils vivent de notre vie à tous, que nous sommes les continuateurs de leur œuvre, comme les êtres qui ne sont pas nés encore seront les continuateurs de l'œuvre que nous poursuivons.

« Ainsi s'établit entre la mort et la vie, entre le passé et l'avenir, une solidarité universelle.

« Apprenez-nous, ô Père! à honorer les morts en nous, à les sauver par nos œuvres, à les aimer dans les vivants.

« Veillez sur nous pendant notre sommeil! »

« J'ai vu l'amour, un rayon de votre éternel amour, mon Dieu ! éclairer de ses chaudes lueurs la nature épanouie.

« Le firmament, comme un immense océan d'azur, étincelait de clartés. Les brises du printemps murmuraient à mon oreille des hymnes ineffables ; la mer frissonnait mollement sur la grève et la frangeait d'une ceinture d'argent ; les fleurs s'épanouissaient brillantes et amoureuses ; les bourgeons s'entr'ouvraient aux rayons d'un beau soleil ; les oiseaux chantaient leurs chants d'amour; les insectes agitaient la robe verdoyante des prés; les troupeaux bondissaient dans la plaine et aux flancs des coteaux; des bruits mystérieux, comme une musique céleste, s'échappaient du fond des bois; le laboureur souriait à l'espoir de riches moissons : partout le calme et les félicités paisibles !

« Nulle note discordante ne troublait cette harmonie profonde, ce divin concert, et si, cessant de contempler ces splendeurs, je descendais au fond de mon âme, j'y voyais votre image, ô mon Père ! ô mon Seigneur ! me sourire sous les traits de la femme aimée et des êtres que je chéris ici-bas. Je vous bénissais alors et je vous remerciais avec toute l'effusion de ma reconnaissance et de mon admiration pieuses.

« Mais tout à coup je songeais que les lointains horizons dont mon regard embrassait les contours n'étaient qu'un point imperceptible de votre immensité, et qu'au delà de ces cieux rayonnants, sous d'autres climats, grondaient peut-être des tempêtes dont les flancs recélaient la dévastation et la mort; que, sur des mers inconnues, des marins désolés criaient vers vous dans leur détresse; qu'auprès de moi sans doute des cœurs brisés s'inclinaient sous d'affreuses douleurs; qu'à cette heure, où tout resplendissait autour de moi, des orphelins pleuraient leurs mères, des infortunés blasphémaient votre saint nom, et je vous implorais, et je vous implore encore, ô mon Père! pour tous ceux qui pleurent en silence.

« Que votre bonté, que votre grâce, brillent pour eux dans les splendeurs du ciel, dans les beautés de la nature, dans la fraternité des hommes; faites, mon Dieu! qu'ils trouvent des mains amies et secourables, des cœurs dévoués qui leur apprennent à vous bénir, à vous aimer comme le meilleur des pères, comme l'ardent foyer de toute justice, de toute bonté, de toute intelligence, de toute beauté, de toute joie sereine, de tout amour, de tout saint enthousiasme ! »

« Que suis-je, ô mon Dieu ! et en vertu de quel droit, en vertu de quels mérites, osé-je chanter vos louanges ?

« Pourquoi, dans le silence de mes nuits, votre nom éternel resplendit-il en traits de feu devant mes yeux ?

« Pourquoi mon âme s'élance-t-elle alors avec tant d'ardeur, avec une si sainte passion vers vous, ô Puissance infinie !

« Pourquoi mon esprit se plaît-il dans le vain effort de mesurer votre infinité, votre immensité, votre éternité ?

« Pourquoi mon cœur s'épanouit-il devant votre bonté inépuisable? pourquoi mon regard cherche-t-il avidement les reflets de votre beauté majestueuse?

« Permettez, Seigneur! permettez au plus obscur de vos enfants d'exalter votre gloire, votre sainteté, votre justice, votre amour infini ; laissez le flot de ses inspirations et de ses prières aller vers vous, s'abîmer en vous, comme le ruisseau modeste, entraîné par une force irrésistible, va se mêler aux flots de l'Océan.

« Laissez mon cœur s'épancher en actions de grâces, mon divin Père ! laissez mon âme vous adorer et vous prier, ô mon Dieu !

« Tout ce que les hommes ont écrit dans l'extase de leur adoration pour vous ne peut suffire au besoin que j'éprouve de vous glorifier et de vous bénir.

« L'idée que je me fais de votre souveraineté, ô Père de miséricorde et d'amour, ô ma

Mère céleste! ne peut trouver d'expression suffisante, ni dans les prières sublimes que vos prophètes et vos élus nous ont enseignées, ni dans les cantiques de vos poëtes, ni moins encore dans les hymnes qui s'échappent, à flots pressés, de mon cœur et de mes lèvres pour aller vers vous!

« Vous êtes la lumière et la vie, vous êtes le phare éternel, vous êtes la bonté, la beauté, l'intelligence sans limites, et je me prosterne devant cette triple manifestation de votre être.

« Je ne suis qu'un atome, il est vrai; mais cet atome est en vous, et c'est pourquoi j'ai la sainte audace de vous glorifier, ô Père!

« La terre que j'habite n'est elle-même qu'un atome auprès du soleil, qui lui-même n'est qu'un grain de la vivante poussière soulevée par vos pieds, animée par votre souffle, mue par votre volonté. Mais sur cette planète si infime et si grossière encore, faites descendre un rayon de vos splendeurs ! Guidez les hommes, les familles et les peuples vers la justice et la liberté ! Soutenez les faibles ! Inspirez aux puissants votre intelligence et surtout votre amour.

FIN DES PRIÈRES DE LUDOVIC.

www.ingramcontent.com/pod-product-compliance
Lightning Source LLC
LaVergne TN
LVHW050631090426
835512LV00007B/777